Réforme Théâtrale.

PROJET

D'UNE

Nouvelle Organisation

Des Théâtres,

Dans les Départements.

EXTRAIT DU BRETON.

A NANTES,

De l'Imprimerie de Mellinet.

JUILLET 1833.

Réforme Théâtrale.

PROJET

D'UNE

NOUVELLE ORGANISATION

DES THÉATRES

DANS LES DÉPARTEMENTS,

ET PRINCIPALEMENT

DANS LES GRANDES VILLES.

EXTRAIT DU BRETON.

A NANTES,

DE L'IMPRIMERIE DE MELLINET.

1833.

RÉFORME THÉATRALE.

PROJET

D'UNE

NOUVELLE ORGANISATION

DES THÉATRES

DANS LES DÉPARTEMENTS,

ET PRINCIPALEMENT

DANS LES GRANDES VILLES (1).

On propose de faire exploiter simultanément les théâtres de neuf grandes villes, soit : *Bordeaux*, *Nantes*, *Rouen*, *Lille*, *Nancy*, *Metz*, *Lyon*, *Marseille* et *Toulouse;* ou Orléans, le Hâvre, Strasbourg, Dijon, Montpellier, Nîmes, Angers, Brest, etc., par neuf troupes dramatiques se succédant dans chaque ville de cinq semaines en cinq semaines, et composées ainsi qu'il suit : 1.° *Grand-Opéra et Ballet;* — 2.° *Opéra-Comique;* — 3.° *Théâtre Français et Vaudeville;* — 4.° *Cirque Olympique* (drame et troupe équestre); — 5.° *Tragédie*, *Comédie*

---

(1) Le projet que l'on présente, après avoir été soumis à l'examen d'un grand nombre de personnes, et modifié d'après leurs observations, a été considéré comme le seul moyen de relever les entreprises théâtrales des grandes villes des départements dont la décadence est complète et la ruine imminente. Nous appelons, pour l'exécution de ce plan de réforme, dont les résultats peuvent être si importants, le concours de tous ceux qui s'intéressent à l'art dramatique. (*Voir le* Breton *des 5 et 15 mars.*)

et *Variétés*; — 6.º *Gymnase et Ballet avec rôle de Mazurier*; — 7.º *Porte Saint-Martin avec Ballet accessoire*; — 8.º *Boulevards avec troupe équestre*; — 9.º *Troupe provinciale* (comédie, opéra-comique, vaudeville).

Chaque troupe donnerait vingt-deux représentations dans chaque ville.

Le personnel se composera de plusieurs artistes de la capitale et des sujets les plus distingués de la province : tous les emplois seront doublés. — Le répertoire comprendra toutes les pièces nouvelles jouées avec succès sur les théâtres de Paris ; les pièces à spectacle seront montées avec le même luxe de décors et d'accessoires que dans la capitale.

Exploitation. — *Moyens d'exécution.* — 1.re *mise dehors.*

L'administration municipale de chacune des villes faisant partie de l'association, s'engagera à allouer une subvention qui devra être, pour la première année seulement, de vingt-cinq mille francs, laquelle sera avancée en partie au commencement de cette première année, pour servir, avec le premier quart des abonnements, au paiement des frais d'installation. Toutefois, les fonds demandés ne seront livrés que sur le vu des engagements des acteurs, et des mémoires et reçus des fournisseurs, et lorsque chaque municipalité aura acquis la conviction que l'entreprise est formée et offre toutes les garanties désirables.

Au reste, cette avance ne sera à bien dire qu'un prêt de quelques mois, puisque chaque mairie pourrait se rembourser au besoin sur les recettes versées dans la caisse de l'association et placée sous sa surveillance. Quant aux fournisseurs, ce mode d'association leur offrant toute sécurité, ils ne balanceraient pas à faire les avances nécessaires. Par ce moyen, tous les sujets des neuf troupes recevront un premier mois avec le remboursement de leurs frais de voyages. Les décors, habillements et accessoires seront livrés payables à différents termes. L'organisation pourra donc avoir lieu sans qu'on soit obligé d'avoir recours à des emprunts ou à des actionnaires.

ADMINISTRATION. — ADMINISTRATION CENTRALE. — ADMINISTRATIONS MUNICIPALES.

Une administration centrale dont le siége sera à Paris, aura pour chef un homme probe, capable et actif, agréé par les neuf municipalités des villes associées. Sa mission sera d'organiser le personnel de l'entreprise, de faire les marchés avec les fournisseurs et de correspondre avec les autres administrations, soit pour donner les renseignements nécessaires à la mise en scène des pièces, soit pour faire l'envoi des objets demandés ;

et enfin de tenir la comptabilité générale et de présenter des comptes à la fin de chaque année. Il devra fournir un cautionnement. L'entreprise sera sous son nom avec la raison commerciale :

Association dramatique provinciale sous la gestion de N..... et compagnie, à Paris.

Une commission de surveillance établie près de l'administration centrale, et composée soit d'un député, ou d'un négociant, ou d'un propriétaire de chaque ville associée, sera chargée de l'examen des actes de l'administrateur ; elle approuvera les marchés, jugera les différents élevés entre les acteurs et l'entreprise, et arrêtera les comptes.

À chacune des neuf troupes sera attaché un directeur-régisseur, investi de l'autorité nécessaire pour se faire obéir. Il sera choisi parmi les directeurs, les régisseurs ou les artistes les plus capables des théâtres des départements. Il s'occupera spécialement de tout ce qui concerne le personnel et la mise en scène. Un caissier, à poste fixe dans chaque ville, nommé par l'administration municipale, et fournissant un cautionnement, sera seul chargé des recettes, des paiements et de la comptabilité du théâtre. Une commission de surveillance gratuite et nommée par le maire, aura pour mission de faire la vérification des billets et des recettes ; d'approuver les paiements, et de contrôler et arrêter les comptes, comme aussi de maintenir le bon ordre parmi les acteurs, de faire respecter l'autorité du régisseur et de correspondre avec l'administration centrale ou les autres commissions.

COMPTABILITÉ.

Le caissier de chaque théâtre tient sa comptabilité d'après les règles usitées dans le commerce ; il arrête sa caisse à la fin de chaque mois avec la commission ; en remet l'état à l'administration centrale après avoir soldé les appointements de la troupe exploitant la ville, et payé les mandats qui pourraient être tirés sur lui par l'administration centrale.

ORGANISATION.

Les sujets des neuf troupes, choisis long-temps à l'avance, soit dans chaque grande ville de province, soit sur les divers théâtres de la capitale par les soins de l'administration centrale et des neuf directeurs-régisseurs nommés pour chaque troupe, signeront avec l'administrateur en chef, leurs engagements qui seront approuvés par les commissions, et recevront les rôles qui leur incombent dans le répertoire à exploiter pendant la campagne dramatique. Ce répertoire aura préalablement été soumis à chaque ville et approuvé par elle.

Les troupes se réuniront dans les villes qui leur seront désignées deux mois avant l'époque fixée pour l'exploitation de l'entreprise. Ce temps sera consacré aux répétitions particulières et générales des pièces nouvelles à monter. Néanmoins, chaque troupe devra donner douze à quinze représentations par mois, composées des plus jolies pièces de l'ancien répertoire, qui n'exigeraient que des répétitions d'ensemble, et auraient été désignées à l'avance. Ces représentations n'auront lieu qu'afin de couvrir les frais. Après le premier mois, chaque troupe partira pour une autre ville, y jouera les mêmes pièces, et continuera ses répétitions : de temps en temps les premiers sujets seront envoyés dans la capitale pour y prendre les indications et les leçons nécessaires. Puis enfin, au commencement du troisième mois, et après un nouveau voyage, les pièces étant sues et pouvant être jouées avec ensemble, les décors étant livrés et placés, l'exploitation de l'entreprise commencera, et pendant ce temps les frais du personnel de chaque troupe se trouveront couverts. L'administration aura pu apprécier le talent de tous les sujets et faire les changements qu'elle croira convenables. Les pièces nouvelles seraient représentées avec d'autant plus d'ensemble qu'elles ne varieraient pas pendant toute l'année, et se trouveraient en petit nombre.

Dès lors chaque administration pourrait s'occuper de faire répéter peu à peu les pièces devant composer le répertoire de l'année suivante. Ces pièces étant sues et prêtes à être jouées à la fin de la campagne dramatique, on conçoit qu'un mois et demi de vacances, pour les premiers sujets, serait plus que suffisant.

Les représentations provisoires pendant les deux mois de répétition, loin de nuire aux premiers acteurs, les feront paraître avec avantage, puisqu'ils se montreront dans des rôles qu'ils connaissent, et dans lesquels ils peuvent déployer tous leurs moyens. D'un autre côté, ces représentations ne sauraient avoir une influence défavorable sur les recettes présumées, lors de l'ouverture définitive de la campagne ; car la troupe qui aurait donné ces représentations d'essai pendant un mois, ne reparaîtrait plus devant le même public que onze mois après.

Représentations. — Voyages.

Les représentations auront lieu les dimanches, mardis, jeudis de chaque semaine. Des pièces nouvelles sont jouées les mardis et et vendredis. D'autres ouvrages nouveaux en un acte seront ajoutés aux 2.es représentations, de manière à donner une nouveauté à chaque représentation, à l'exception du dimanche. La curiosité serait ainsi continuellement excitée. L'aperçu du répertoire des neuf troupes que nous indiquons plus bas, donnera une idée de la variété que l'on peut apporter à chaque représentation.

Tous les emplois se trouvant doublés, et les voyages n'étant que de deux jours, et d'un jour seulement pour la plupart des villes associées, la moitié de chaque troupe part le vendredi matin, arrive le samedi ou le dimanche, jour de la dernière représentation donnée par la seconde moitié de la troupe qu'elle est appelée à remplacer. Après avoir pris deux jours de repos (dimanche et lundi), elle donne le mardi, pour débuter, une représentation qui n'exige pas le concours de tous les sujets. La seconde partie de la même troupe, restée dans la première ville, après avoir donné le vendredi un spectacle qu'elle reproduit le dimanche, se met en route le lundi matin et est à même de se joindre à la première partie de la troupe pour la représentation du jeudi. Ce mouvement s'opère simultanément dans chaque ville ; de cette manière, il n'y a point d'interruption. Quant aux troupes équestres, les chevaux pourraient voyager à petites journées ; les acteurs, en les attendant, joueraient des drames de leur répertoire.

Des chambres louées pour l'année par les soins de chaque administration municipale, et devant servir à toutes les troupes successivement, seraient prêtes à recevoir les sujets de chacune d'elles à leur arrivée ; à la fin de chaque mois on prélèverait sur leurs appointements le prix du loyer, qui serait peu élevé, au moyen d'une allocation accordée par l'entreprise.

Voici comment on pourrait répartir les neuf troupes dans chacune des villes associées :

1.º Grand Opéra ; 2.º Théâtre Français et Vaudeville ; 3.º Cirque Olympique ; 4.º Opéra-Comique ; 5.º Tragédie, Comédie et Variétés ; 6.º Porte Saint-Martin ; 7.º Troupe provinciale ; 8.º Boulevards ; 9.º Gymnase.

BUDGET. — PERSONNEL.

N.º 1. *Grand opéra et ballet.* — Répertoire de l'Académie Royale de musique.

1 1.er tenor à 20,000 fr.; 1 2.e à 12,000; 1 3.e à 8000; 1 4.e à 5000.	45000 »
1 1.re chanteuse à 20,000; 1 2.e à 12,000; 1 3.e à 8000; 1 4.e à 5000.	45000 »
2 barytons (Laïs, Dabadie) à 12,000 et à 8000 ; 3 basses à 10,000, 8000, et 5000.	43000 »
2 chanteuses (rôles de grandes princesses et de mères) à 6000 et 4000.	10000 »
4 coryphées à 3000.	12000 »

12 choristes hommes et 12 choristes femmes.	24000 »
8 1.ers danseurs et danseuses à 5000; 8 2.es id. à 2500	60000 »
24 danseurs et danseuses figurants à 950.	22800 »
1 chef de musique 6000; 1 2.º 3000; violon répétiteur 1500.	10500 »
1 chef de ballet 4000; un répétiteur 1500.	5500 »
1 machiniste en chef 3000; 2 machinistes 1500; 6 garçons 4200.	10200 »
1 costumier 1500; 4 habilleuses 2800.	4300 »
Régisseur-directeur 5000; sous-régisseur 1500; frais de régie 1200.	7700 »
Total du n.º 1.	300000 »

A cette troupe seraient attachés 8 musiciens distingués: 1.er violon à 6000; 1.er cor à 5000; 1.re clarinette à 4000; 1.re flûte 4000; 1.re basse 5000; 2.º basse 4000; 1.er haut-bois 4000; 1.er basson 4000; soit 36,000 fr. Cette somme leur serait assurée sur le produit de 3 concerts par mois donnés par eux. Si ce produit dépassait la somme présumée, comme il y a lieu de croire, ils en profiteraient et pourraient en outre donner des concerts pendant le douzième mois. Ces 8 artistes, réunis au 2.º chef de musique et au violon répétiteur, contribueraient puissamment à apporter dans chaque orchestre l'ensemble désirable. Les musiciens de chaque ville pourraient d'ailleurs étudier et répéter les partitions qui leur seraient envoyées à l'avance.

N.º 2. *Opéra Comique*,

1 1.er tenor et 1 1.re chanteuse à 15,000; id. doubles à 10000	50000 »
2 2.es tenors (Gavaudan) et 2 2.es chanteuses à 5000 et 4000.	18000 »
3.e tenor (haute-contre) 6000; 4.e tenor (colin) 5000; 5.e tenor 3000.	14000 »
2 barytons (Martin) 10,000 et 6000.	16000 »
3 basse-tailles à 8000, 4500 et 3000.	15500 »
2 1.res Dugazons à 8000 et 5000.	13000 »
2 2.es idem à 3000 et 2000.	5000 »
2 mères Dugazons à 4000 et 2500; 2 duègnes à 3000 et 2000.	11500 »
2 trials à 4000 et 3000.	7000 »
2 Laruettes à 3000 et 2500.	5500 »
4 utilités hommes et femmes, rôles de commençants, à 1500.	6000 »
12 choristes hommes et 12 femmes.	20000 »
1 chef de musique 5000; 1. 2.º chef répétiteur 2500.	7500 »

1 machiniste 2000 ; 2 garçons 1000.	3000 »
1 costumier 1000 ; 2 habilleuses 1000.	2000 »
Régisseur-directeur 4000 ; 1 aide régisseur 1200 ; frais de régie 1300.	6500 »
Total du n.º 2. . .	200000 »

Mêmes observations que pour le Grand Opéra, à l'égard des musiciens.

N.º 3. *Cirque Olympique.*

Cette troupe jouerait les drames et les pantomimes du Cirque Olympique. Les lundis et samedis les écuyers donneraient, dans un cirque, des représentations, qui pourraient être très-variées : à cet effet on passerait un marché avec un directeur de manège.

2 premiers sujets homme et femme à 4000 ; 2 *id.* à 2500 ; 2 *id.* à 1800	15800 »
2 jeunes premiers et 2 jeunes premières à 2500 et 2000	9000 »
2 comiques à 4000 et à 3000.	7000 »
2 pères nobles à 2500 et 2000 ; 2 mères et duègnes à 2000	8500 »
6 utilités à 1000.	6000 »
1 machiniste 2000 ; 2 garçons 1000	3000 »

Troupe d'écuyers composée de 16 hommes et de 8 femmes qui paraîtraient dans les drames ; d'un autre côté, plusieurs acteurs de drame seraient tenus de figurer dans les manœuvres et les divertissements du cirque.

24 sujets : 3 à 3000 ; 3 à 1500 ; 10 à 1000 ; 8 à 600.	28300 »
Nourriture des chevaux	13000 »
6 garçons à 500.	3000 »
Régisseur 4000 ; aide-régisseur 1000 ; frais de régie 1400	6400 »
Total du n.º 3. . .	100000 »

N.º 4. *Boulevards et troupe équestre.* — Cette troupe jouerait les drames de l'Ambigu, de la Gaîté et du Panthéon avec des drames équestres.

Même évaluation que pour le Cirque Olympique. . 100000 »

N.º 5. *Porte-Saint-Martin et Ballet accessoire.* — Drames et petites pièces de ce théâtre, divertissements, ballets.

1.ers rôles, homme et femme, à 8000 fr. — 2.es rôles, *id.*, à 4000 fr. — 3.es *id.*, à 3000 fr.	30000 »
2 jeunes 1.ers rôles, hommes et femmes, à 4000 fr. — 2 *id.* à 2500.	13000 »
2 pères nobles, à 3000 fr. et 2500 — 2 mères, à 2500 et 2000 fr.	10000 »

2 comiques, à 4000 et 2000 fr. — 4 utilités à 1200 fr.   10800 »
2 1.ers danseurs, homme et femme, à 3000 fr. — 2
id. 2.es, à 1800 fr. — 2 id. 3.es, à 1000 fr. . . .   11600 »
8 hommes et 8 femmes dansant dans le ballet et
paraissant dans les drames. . . . .   14000 »
Machiniste 1800 fr. — Costumier, 900 fr. — 2
garçons, 1400 fr. . . . .   4100 »
Régisseur, 4000 fr. — Sous-régisseur, 1500 fr. —
Frais de régie, 1000 fr. . . . .   6500 »

      Total du n.º 5. . .   100000 »

N.º 6. *Théâtre Français et Vaudeville.* — Répertoire moderne de ces théâtres.
 2 1.ers rôles, homme et femme, à 8000 fr. — 2 jeunes 1.ers id.,
à 4000 fr. — 2 id., à 3000 fr., jouant le vaudeville.   30000 »
2 3.es rôles, à 3000 et 2500 fr. — 2 2.es amoureux,
à 2500 fr. — 2 comiques à 5000 et 3000 fr. . . .   18500 »
2 pères nobles, à 3000 et 2000 fr. — 2 mères, à
3000 et 2000 fr., jouant le vaudeville. . . . . .   10000 »
2 financiers, à 3000 et 2500 fr. — 2 soubrettes, à
3000 et 2000 fr., jouant le vaudeville. . . . . .   10500 »
2 1.ers sujets pour le vaudeville, à 6000 fr. — 16
figurants, hommes et femmes, 15000 fr. . . . .   27000 »
1 chef de musique, 3000 fr. — 1 régisseur, 4000
fr. — Sous-régisseur, 1000 fr. — Frais, 1000 fr. .   9000 »

      Total du n.º 6. . .   105000 »

N.º 7. *Tragédies, Comédies et Variétés.* — Tragédies du Théâtre Français et de l'Odéon, comédies diverses, répertoire des Variétés.
Même évaluation que pour le Théâtre Français. .   105000 »

N.º 8. *Gymnase et Ballet accessoire.* — Répertoire de ce théâtre avec ballet et rôles de Mazurier.
Premiers rôles, homme et femme, à 8000 fr. — Deuxièmes *id.*,
à 3000 fr. — Troisièmes *id.*, à 2400 fr. — Quatrièmes *id.* à 1800
fr. . . . .   30400 »
2 comiques, à 5500 et 3000 fr. — 2 pères, à 3000 et
2000 fr. — 2 mères, à 3000 et 2000 fr. . . . . .   18500 »
4 utilités à 1000 fr. — 8 figurants, hommes et
femmes, 7000 fr. . . . .   11000 »
2 premiers sujets pour le ballet, à 3000 fr. — 4, à
1750 fr. — 12 danseurs et danseuses, à 8000 fr. . .   20000 »
Régisseur, 4000 fr. — Sous-régisseur, 1000 fr. —

Frais de régie, 1100 fr. — Chef de musique, 3000 fr.   9100 »

                     Total du n.° 8. . .   89000 »

N.° 9. *Troupe provinciale*. — Opéra, opéra-vaudeville, petites comédies. Les acteurs seraient choisis pour jouer tous les genres.

Premier chanteur et première chanteuse, à 12000 fr. — Deuxièmes chanteur et chanteuse, à 5000 fr. — Troisièmes *id.*, à 3000 fr., ci . . . . 40000 »

1 Martin, 6000 fr. — Gavaudan, 4000 fr. — mère Dugazon, 3000 fr. . . . . 14000 »

2 trials, 3500 et 2000 fr. — Laruette, 3000 fr. — 2 basse-tailles, 6000 et 4500 fr. . . . . 19000 »

4 rôles de convenance et utilités : 2 à 1500, 2 à 1000 fr. . . . . 5000 »

20 choristes, hommes et femmes. . . . . . 17000 »

1 chef d'orchestre, 4000 fr. — Régisseur, 4000 fr. — Sous-régisseur, 1000 fr. — Frais, 1000 fr. . . 10000 »

                     Total du n.° 9. . . 105000 »

C'est à cette troupe que pourraient se joindre quelques artistes de la capitale.

       Montant des frais du personnel. . . 1,204000 »

Frais de décorations. — 25000 fr. par ville, soit pour les neuf. . . . . 225000 »

Frais de costumes, accessoires, etc., à répartir ainsi qu'il suit :

Pour le grand Opéra, 20000 fr. — 40000 fr. à répartir entre le Cirque Olympique, les Boulevards, l'Opéra-Comique, la Porte-Saint-Martin. — 15000 fr. à répartir entre les quatre autres troupes. . . . 75000 »

Menus frais. — Frais extraordinaires et frais imprévus . . . . 45000 »

Administration centrale. — Un directeur général, 6000 fr.; plus, 2000 fr. sur les fonds de gratification. — Sous-directeur, 1800 fr. — Teneur de livres, 2400 fr. — Frais de bureau, 1800 fr. . . . . 12000 »

                                             357000 »

Frais ordinaires de chaque théâtre.

Orchestre. — L'orchestre ne devant être porté au grand complet que pendant trois mois de l'année, lors de l'arrivée du grand opéra, de l'opéra-comique et de la troupe provinciale, se composera de — 2 premiers violons 140 fr. par mois. — 2 deuxièmes *idem* 115 fr. — 2 altos 75 fr. — 2 violoncelles 150 fr.

— Une contrebasse 20 fr. — 2 cors 150 fr. — Une clarinette 75 fr. — Une flûte 75 fr. — Un hautbois 75 fr. — Un basson 75 fr., auxquels s'adjoindraient, comme de coutume, un certain nombre d'amateurs, pour un mois 950 fr., soit pour l'année. 11500 »

Pour les musiciens suppléants lors de l'arrivée des trois troupes d'opéra . . . . 2000 »

Total de l'orchestre. . . 13500 »

Luminaire. — Le luminaire coûte maintenant environ pour l'année de 12 à 16,000 fr. L'association permettrait d'acheter à Marseille au prix le moins élevé, une quantité d'huile suffisante pour chaque théâtre; des garçons désignés spécialement seraient chargés d'allumer. — Chaque soir on leur distribuerait l'huile. — On peut dès-lors d'après la différence du prix d'achat et en observant que le nombre des représentations à donner sera moins considérable qu'il ne l'est maintenant, compter sur une économie d'un tiers au moins. — Total du luminaire . . . . 9000 »

Frais quotidiens. — 6 garçons de théâtre, dont deux allumeurs 3000 fr. — 4 servants 1000 fr. — Contrôle 2000 fr. — Ouvreuses 1000 fr. — Concierge 1000 fr. — Peintre 1000 fr. — Machiniste 1000 fr. — Caissier 2000 fr. — Affiches et billets 4000 fr. — Hommes et femmes de la ville à payer pour figurer dans certaines pièces 1500 fr. — Frais de régie 1000 fr. — Entretien du matériel et frais imprévus 2000 fr. (*Nota.* Tous ces prix sont établis d'après ceux actuels.) — Total. . . 20500 »

Frais pour chaque théâtre. . . 43000 »

Soit pour les neuf théâtres . . . . 387000 »

Frais de Voyage. — Les prix variant de 20 à 45 fr., suivant la distance qui sépare chacune des villes associées, on peut établir un prix moyen de 30 fr. par personne; en faisant un arrangement avec les entreprises de messageries, ce prix serait moins élevé soit pour 550 personnes et 9 voyages . . . . 148500 »

Transports des effets (chaque acteur ne paraissant que dans un petit nombre de pièces, n'aurait pas une garde-robe considérable; on peut calculer sur 150 fr. par voyage, soit par les 9 troupes . . . . . . 12000 »

Indemnité accordée à chaque ville pour logement des figurants . . . . 16500 »

Total des frais de voyage. . 177000 »

Feux. — *Gratifications.* — (Ces gratifications seraient accordées aux acteurs qui auraient fait preuve de zèle. . 100000 »

Il y aurait à appliquer en plus, pour cet objet, le produit des amendes.

Total général des frais de l'entreprise. . 2,225000 »

RECETTES.

Chaque troupe pendant les 5 semaines (ou 36 jours) de séjour dans chaque ville, donnera 22 représentations; savoir : les dimanche, mardi, jeudi et vendredi de chaque semaine ; plus, deux représentations extraordinaires (abonnements suspendus).

RECETTES PRÉSUMÉES POUR CHAQUE TROUPE.

5 dimanches à 1800 fr. pour les cinq grandes troupes, et à 1200 fr. pour les 4 autres, soit 1500 fr.	7000 »
5 premières représentations, les mardis ou vendredis, de 1000 à 1150 fr	6900 »
2 représentations, abonnements suspendus, à 2100	4200 »
5 deuxièmes représentations avec petites pièces nouvelles, de 7 à 900 fr.	4000 »
5 jeudis, troisièmes représentations de 300 à 600 f.	2400 »
Total des recettes. .	25000 »
Pour les 9 stations 225000 fr., soit pour les 9 troupes.	2,025000
Recettes des 40 jours pendant lesquels une partie des premiers sujets seront en congé (quelques pièces nouvelles, acteurs de Paris, etc.) à 12 ou 14000 fr. par troupe	120000 »
Troupes équestres. — Chacune de ces troupes donnera 11 représentations à 900 fr. par représentation, soit pour les 2 troupes, pour l'année.	200000 »
Bals et Fêtes. — Bals masqués, avec divertissements. — Soirées vénitiennes, etc., de 12 à 15000 par troupe.	125000 »
Allocations municipales à 20000 par ville. . . .	180000 »
Abonnements et loges de 20 à 50000 fr., terme moyen 30000 fr., soit.	270000 »
Droits à prélever, 2000 fr. par ville. — Location de cafés, boutiques, 1500 fr.	30000 »
Total des recettes présumées. .	2,950000 »

Excédant des recettes sur les dépenses, *sept cent vingt-cinq mille fr.*

Une partie de ce bénéfice servira à former un fonds de réserve, soit pour secours et pensions à accorder aux acteurs ou à leur famille; soit pour se mettre en garde contre les chances défavorables; soit enfin pour accorder des droits d'auteurs aux hommes de lettres et aux compositeurs qui feraient représenter leurs ouvrages sur les théâtres associés, ou un supplément de traitement aux acteurs distingués de la capitale qui feraient partie de l'association. Le matériel de chaque théâtre s'augmentant tous les ans, formerait au bout de quelque temps une valeur considérable. Chaque ville reconnaîtra l'avantage qui résultera pour elle de cette association, puisque, dès la 2.° année, les allocations municipales pourraient être supprimées.

RÉSUMÉ.

Les résultats de cette entreprise seront facilement appréciés. Sous le rapport financier, elle est à l'abri de toutes les chances défavorables, puisque dans le budget que nous venons de présenter, tous les frais sont évalués dans la proportion la plus élevée, et les recettes basées sur le terme moyen de celles des neuf villes indiquées pour faire partie de l'association.

Toutes les personnes qui fréquentent le théâtre concevront sans peine qu'une succession non interrompue de pièces nouvelles jouées par des acteurs qui changent tous les mois, ne saurait manquer de donner un produit plus avantageux. Mais en admettant même des recettes plus faibles d'un *quart*, et un supplément de frais de 200,000 fr., l'entreprise pourrait encore se maintenir. D'un autre côté, on a pu voir que la comptabilité est des plus simples; dégagée de tout contentieux; que les actes de chaque agent sont subordonnés à la volonté des commissions de surveillance, toutes désintéressées et n'ayant qu'un but, le succès de l'entreprise. Le caissier seul de chaque théâtre reste chargé du maniement des fonds, et cet agent est l'élu de la mairie, a sa confiance et est soumis d'ailleurs à la même surveillance que les autres employés. Or, les règles sévères de la comptabilité administrative appliquées à l'administration dramatique dont il s'agit, ne laissent aucune prise à la fraude, au désordre ou à l'impéritie, puisque toutes les recettes pourront être contrôlées d'une manière certaine, et que chaque dépense devra être justifiée. Quant aux voyages, le jour de départ étant indiqué, une partie des effets chargés et rendus d'avance, et chaque acteur trouvant à son arrivée un appartement prêt à le recevoir, il n'y aurait aucun embarras, aucune difficulté; et les emplois étant doubles, les accidents qui pourraient avoir lieu, n'entraveraient point les représentations.

Sous le rapport de l'art, l'amélioration est immense, puisque l'association posséderait un choix de premiers sujets dans tous les genres, aucune médiocrité, luxe de mise en scène, d'accessoires, un ensemble qu'on n'aurait pu trouver jusqu'à présent que dans la capitale, et une variété continuelle. Les artistes, à qui l'on offrirait une existence honorable, un avenir assuré, se livreraient avec passion à l'étude de leur art, et ne tomberaient plus dans le découragement. Les poëtes et les compositeurs, en accourant vers les nouveaux temples qui leur seraient ouverts, régénéreraient la province.

Ainsi, exploitation facile; bénéfice certain; révolution complète dans l'art dramatique, voilà en deux mots le résumé de cette entreprise.

Le moment est favorable pour proposer ce projet; une nouvelle loi sur les théâtres va être présentée aux chambres; les priviléges ne sont accordés en ce moment à chaque directeur que pour un an. Hâtons-nous de profiter de cette circonstance pour préparer et accomplir la révolution dramatique en province. Nous appelons donc sur ce projet les observations de toutes les personnes qui s'intéressent à l'art dramatique; nous réclamerons plus tard leur appui, quand il s'agira de tenter de le mettre à exécution.

www.ingramcontent.com/pod-product-compliance
Lightning Source LLC
Chambersburg PA
CBHW061615040426
42450CB00010B/2500